LA FAMILLE DES JUSSIEU

DOCUMENTS

SUR

LA FAMILLE DES JUSSIEU

PAR

AIMÉ VINGTRINIER

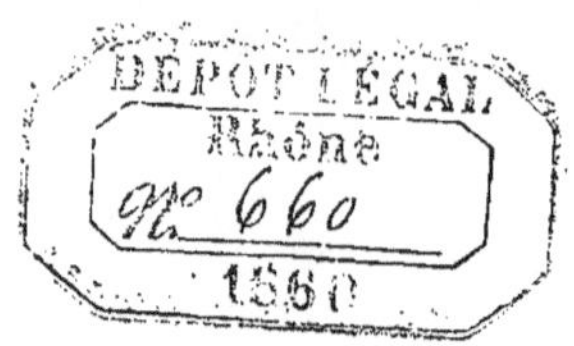

LYON

IMPRIMERIE D'AIMÉ VINGTRINIER
Quai Saint-Antoine, 35.

1860

LA FAMILLE DES JUSSIEU.

L'illustration scientifique des Jussieu dont notre ville est à bon droit si fière, avait laissé les titres nobiliaires de cette famille presque dans l'ombre, j'allais peut-être dire, dans l'oubli. La gloire des Bernard, des Laurent suffisait à cette race d'élite ; être fils ou neveu de ces hommes célèbres suffisait à l'ambition des savants et des poëtes qui continuent l'éclat de ce nom. La nouvelle loi sur les titres de noblesse vient d'obliger un Jussieu, employé du Gouvernement, à prouver qu'il a droit à cette particule à laquelle il n'attachait peut-être qu'une importance secondaire, mais qu'il a dû défendre pour la laisser à ses enfants. La devise de cette maison, *Pius atavis*, lui traçait son devoir. Il avait reçu un héritage, non de priviléges, mais de dignité et d'estime, il fallait le conserver intact et tel qu'il le tenait de ses pères ; il fallait prouver, devant la justice, que ces hommes illustres dont il descendait avaient été nobles par le sang avant de l'être par la science. Un hasard heureux a fait passer entre nos mains la requête adressée par M. Antoine-Alexis de Jussieu, archiviste du département de la Charente, à M. le Président du Tribunal civil de Lyon. Cette pièce importante sera bientôt du domaine public. Nous nous empressons de la publier comme document historique, comme un renseignement précieux pour les biographes futurs. C'est l'histoire abrégée et rapide de cette maison qui a donné cinq membres à l'Institut et deux au Conseil d'État. Il nous semble qu'on ne pouvait plaider une noble cause avec plus de convenance et de bonheur.

Requête à Monsieur le Président du Tribunal civil de Lyon.

Monsieur le Président,

« La famille de Jussieu appartient toute à la ville de Lyon. Elle n'a jamais déserté son berceau et, par une juste réciprocité, la ville de Lyon a toujours placé cette famille au premier rang de ses célébrités. Elle y est donc parfaitement connue et l'orthographe de son nom ne peut y être ignorée.

« Je signe *de Jussieu*, mais l'acte de naissance de mon père et le mien écrivent Dejussieu. Ainsi se soulève pour moi, fonctionnaire administratif, appelé par une loi récente à justifier de mon droit, la question de la particule.

« L'histoire nous la donne ; toutes les Académies françaises et étrangères, tous les recueils biographiques en toutes langues nous la donnent ; les annales de l'administration publique, des décisions législatives décernant des honneurs nationaux nous la donnent. Le muséum d'histoire naturelle de Paris, le palais de Versailles ont les statues d'Antoine-Laurent et de Bernard *de* Jussieu. Lyon a dans son musée le buste de Bernard *de* Jussieu, et parmi ses dénominations honorifiques, la rue *de* Jussieu. Quand Napoléon premier composa si magnifiquement son premier conseil de l'Université impériale, il y appela Antoine-Laurent *de* Jussieu. Nulle part ces célèbres académiciens ne sont appelés Dejussieu, d'un seul mot. Il m'est donc permis d'invoquer une notoriété non seulement publique, mais universelle. Je puis en appeler tout à la fois à mes concitoyens et au monde savant.

« Suis-je personnellement de cette famille ? Mon père est fils de Bernard-Pierre de Jussieu, né à Lyon le 21 juin 1751, qui était le propre frère d'Antoine-Laurent et le neveu de Bernard. Il était aussi neveu d'Antoine et de Joseph, deux autres académiciens, et oncle d'Adrien de Jussieu décédé, le 29 juin 1853, président de l'Académie. Car notre plus beau titre, notre titre exceptionnel est d'avoir donné cinq membres de la même famille et du même nom à cette Académie des sciences de Paris, la plus illustre de toutes.

« J'ai deux oncles qui existent encore, neveux d'Antoine-Laurent et élevés par ses soins : Pierre-Laurent de Jussieu qui a été Maître des requêtes au Conseil d'État, secrétaire-général de la préfecture de la Seine et député de Paris ; Alexis de Jussieu qui a été aussi Maître des requêtes, préfet de cinq départements et directeur de la police générale du royaume. Les archives des ministères comme celles du Conseil d'État, comme celles de la Chancellerie de la Légion-d'Honneur les ont toujours appelés *de* Jussieu.

« Alexis de Jussieu avait été nommé, en mars 1839, préfet du Rhône, mais un changement de cabinet l'empêcha de prendre possession. L'ordonnance royale écrivait également *de* Jussieu.

« Moi-même, dans les fonctions plus modestes que j'ai remplies jusqu'à ce jour, je suis nommé officiellement de Jussieu, tant au ministère de l'Instruction publique qu'au ministère de l'Intérieur et dans les préfectures de la Loire et de la Charente.

« Il est vrai que ce n'est pas l'illustration scientifique qui a pu nous attribuer légalement la particule, elle la supprime plutôt. Elle ne dit guère les de Buffon, les de Jussieu. Elle dit plus volontiers les Buffon, les Jussieu. Mais peut-être verrez-vous, Monsieur le Président, une justification suffisante de notre droit à cet égard, dans un autre ordre de faits qui ont aussi leur authenticité.

« Laurent de Jussieu, mon trisaïeul, père des trois premiers académiciens, eut à faire ses preuves de noblesse et fut maintenu dans sa qualité de gentilhomme. Son nom fut, en consé-

quence, enregistré, ainsi que ses armoiries, dans le grand armo-
rial général manuscrit de d'Hozier, conservé à la bibliothèque
impériale de Paris. Il y figure dans la première catégorie qui est
celle des familles pour lesquelles il n'y a eu ni à contester ni à
suppléer. Je trouve, au milieu d'anciens papiers de famille, un
certificat que je vous transmets en expédition authentique. Il a
été délivré, en 1782, par des gentilshommes bien connus de
notre cité, M. le marquis d'Albon, M. Lacroix de Laval, M. Ram-
baud, lieutenant en la sénéchaussée et présidial, chargé de
convoquer annuellement la noblesse. Ce certificat constate que
demoiselle Henriette de Jussieu, désirant être reçue, en 1762,
dans une abbaye royale, fondée en Dauphiné, pour douze filles
de condition, fit dès-lors la preuve voulue de quatre générations
de noblesse et d'une possession non interrompue de cent ans.

« Les fiefs de Senevier, Combelande, Montmeynoux et autres,
dans le département actuel du Rhône, appartenaient aux de
Jussieu ; la preuve en ressort d'une expédition authentique ci-
jointe du procès-verbal de prestation de foi et hommage de mon
aïeul, en sa qualité de seigneur des dits lieux. Le comté de
Montluel, situé aux portes de Lyon, après avoir été successivement engagé par la Couronne au duc de Biron, au duc de
Bellegarde, puis à la maison de Condé, passa, le 16 février 1743,
dans la famille de Jussieu qui le possédait encore en 1789. Cette
transmission a été authentiquement établie devant la Cour impériale de Lyon et reconnue par elle dans un arrêt rendu le 14
janvier 1859.

« Le Chapitre noble de Saint-Just a compté parmi ses barons
le chanoine Antoine-Bernard de Jussieu.

« Puisque je suis entré dans cet ordre d'idées, non pas indif-
férent, mais secondaire pour nous, j'ajouterai un fait qui n'est
pas même mentionné dans les biographies et qui retrouve ici de
l'opportunité, c'est qu'Antoine de Jussieu, et après lui son neveu
Antoine-Laurent, étaient écuyers, conseillers, secrétaires du roy,
maison, couronne de France et de ses finances, ce qui comportait
la noblesse ou la donnait à ceux qui ne l'avaient pas.

« Au reste, l'acte de naissance de mon grand père, dressé le

21 juin 1751, à Lyon, le déclare fils de Christophle *de* Jussieu, seigneur de Senevier; et si l'acte de naissance de mon père, dressé le 3 prairial, an VIII, porte Dejussieu, d'un seul mot, cette différence d'orthographe s'explique assez par les mœurs révolutionnaires qui changeaient alors jusqu'aux noms de temps.

« Nous nous appelons donc authentiquement *de* Jussieu dans le Mémorial de la noblesse comme dans les mémoires de l'Académie, dans les traditions seigneuriales comme dans l'histoire scientifique des deux derniers siècles et dans les registres de l'État civil antérieurs aux perturbations de 1793.

« En conséquence vous plaise, Monsieur le Président, vu l'acte de naissance de mon aïeul Christophle, né le 7 avril 1685, celui de mon grand père Bernard-Pierre, né le 21 juin 1751, celui de mon père Bernard-Laurent, né le 3 prairial an VIII, le mien en date du 3 mai 1827; vu les articles 99 du Code Napoléon, 855 et suivants du Code de procédure; vu les faits exposés en la présente requête; ordonner la rectification de mon acte de naissance, etc.

« Le maintien de l'erreur contre laquelle je réclame aurait, en ce moment, pour effet légal, de me dépouiller de mon plus précieux héritage, d'un nom que je dois porter et transmettre tel qu'il a été porté et honoré par mes ancêtres.

« Si la particule était un changement à ce nom, je protesterais et réclamerais contre la particule.

« Recevez, Monsieur le Président, l'hommage de ma respectueuse considération.

« A. DE JUSSIEU,

« Archiviste du département de la Charente, secrétaire-adjoint de la Société archéologique et historique du même département, correspondant du ministère de l'Instruction publique pour les travaux historiques, etc. »

Nous sommes heureux de pouvoir dire que cette noble revendication du nom de ses ancêtres a été entendue, et que le tribunal de Lyon y a fait droit par un jugement rendu le 28 avril dernier.

En lisant cette pièce on aura été frappé de cette quantité d'hommes illustres portant le même nom et à peine différenciés entre eux par un prénom légèrement modifié ; le lecteur a eu peine à suivre et à classer ces Laurent, Laurent-Pierre, Antoine-Laurent, ces Alexis et ces Antoine-Alexis, et les biographes eux-mêmes ont plus d'une fois prêté à un de ces écrivains ce qui appartenait à un oncle, à un frère, à un cousin ou à un fils. Le *Catalogue de la Bibliothèque Coste*, pour sa part a, nous l'avouons, attribué à un Alexis de Jussieu, ancien préfet, une lettre de Laurent-Pierre, écrivain moraliste et ancien député. Voici par ordre de naissance un aperçu rapide des hommes les plus célèbres de cette maison.

Antoine de Jussieu, médecin et botaniste, membre de l'Académie des sciences, professeur de botanique au jardin royal de Paris, en remplacement de Tournefort, né à Lyon le 6 juillet 1686, mort le 22 avril 1758.

Bernard de Jussieu, frère du précédent, l'un des plus célèbres botanistes du XVIII siècle, membre des Académies de Paris, de Berlin et de Saint-Pétersbourg, né à Lyon en 1699, mort le 6 novembre 1777.

Joseph de Jussieu, frère d'Antoine et de Bernard, ingénieur, voyageur, naturaliste et médecin, membre de l'Académie de Paris, né à Lyon en 1704, mort en 1779.

Claude de Jussieu, prêtre, de la Société de Jésus, né à Lyon en 1715.

François-Joseph-Mamert de Jussieu, de Montluel, de l'Académie de Lyon, né le 11 mai 1729, mort à Paris en 1797. Auteur d'une *Instruction facile sur les conventions*, Paris, 1759. Ouvrage estimé qui a eu plusieurs éditions.

Antoine-Laurent de Jussieu, neveu de Joseph, d'Antoine et de Bernard, célèbre botaniste, membre de l'Académie des sciences, « un des hommes, dit la *Biographie Lyonnaise*, qui ont le plus honoré la science par leurs travaux, et l'humanité par leurs vertus ; » né à Lyon le 12 avril 1748, mort à Paris le 17 septembre 1836, à l'âge de 88 ans et demi.

Adrien de Jussieu, fils unique d'Antoine-Laurent, l'illustre fondateur de la *Méthode naturelle*, né à Paris, au jardin des plantes, le 23 décembre 1797, professeur de botanique au Muséum en 1826, reçu, en 1831, membre de l'Académie des sciences, nommé, en 1850, professeur à la Faculté à la place de M. Auguste Saint-Hilaire, qu'il avait longtemps suppléé, président de l'Académie des sciences, mort à Paris en juillet 1853.

Laurent-Pierre de Jussieu, écrivain moraliste, né à Villeurbanne, près Lyon, le 7 février 1792 ; neveu d'Antoine-Laurent ; secrétaire-général du département de la Seine sous l'administration de M. de Rambuteau, député de 1837 à 1842, maître des requêtes au conseil d'État, auteur de *Simon de Nantua*, petit volume d'une haute moralité qui a remporté le prix fondé par la Société de l'Instruction élémentaire, a été traduit en plusieurs langues et a eu plus de trente éditions. L'auteur est rentré dans la vie privée depuis la révolution de février.

Alexis de Jussieu, frère du précédent, le dernier des membres de cette famille parmi ceux qui appartiennent aux biographes, est né à Lyon le 17 août 1802 et non en 1797, comme le dit par erreur le *Dictionnaire des contemporains* de Vapereau. Entré dans la carrière publique en septembre 1830, il a successivement administré l'arrondissement de Sceaux, les départements de l'Ain, de la Mayenne, de la Vendée, de la Vienne, la police générale du royaume, et une seconde fois, sur sa demande, le département de l'Ain. Pendant sa direction générale il était entré au Conseil d'État. En 1840, il retourna volontairement à la vie privée. Disciple et ami du comte Molé, il appartenait à cette école dont le caractère distinctif fut d'unir toujours la dignité à la politique et l'urbanité au pouvoir. Honoré de sa bienveillance et de son amitié, nous avons eu sous les yeux un recueil qu'il appelait en souriant son *Livre d'or*, où sont rassemblés toutes les ordonnances royales et tous les diplômes honorifiques, français et étrangers, dont il a été successivement l'objet. Le dernier document de ce recueil offre un intérêt particulier et nous n'avons pu le contempler sans une émotion profonde, c'est une permission à lui donnée par le roi Charles-Albert d'enseigner la langue française, à Nice, et qui, *attendu*, dit le texte, *les bonnes informations prises sur son compte*, le dispense des examens préalables.

Nous n'avons pu lire sans avoir le cœur vivement serré cette dernière page qui clot si modestement une carrière d'abord brillante. Quand on a passé dix années de sa vie dans des fonctions élevées, quand on a eu le maniement des fonds secrets d'un grand royaume, ce qu'il y a de plus noble est assurément de finir ainsi. La fortune s'éloigne, mais la considération reste et demeure inattaquable; on a doublement honoré son nom et on laisse un bel exemple. Les voûtes de l'Académie de Lyon retentissent encore des sympathies qui accompagnent parfois jusque dans la tombe ces simplicités d'existence.

Mais la retraite a aussi ses heures d'utilité. Il est sorti de nos presses, dans le courant de l'année dernière, un mince petit volume auquel nous avons consacré tous nos soins. Il ne porte pas de nom d'auteur; il est entré dans le monde littéraire sans appui, et cependant il a fait son chemin. Sous le titre sans prétention de : *Méditations de la raison et de la foi*, (Lyon, Périsse frères, 1859, in-12,) il touche aux plus hautes questions de l'humanité. Comme le livre de l'*Imitation*, avec lequel il a plus d'un rapport, il dit à l'homme que le bonheur n'est ni dans l'éclat, ni dans les grandeurs ni dans les plaisirs du monde, et on sent que l'auteur parle de choses qu'il connaît. M. de Jussieu n'y avait pas mis son nom, parce qu'il ne se croyait ni mission, ni autorité dans de pareilles matières. Depuis lors il a dû avouer sa paternité en acceptant les suffrages venus des plus hautes régions de la théologie. S'il ne nous est pas permis de reproduire ces témoignages flatteurs, nous citerons du moins l'opinion tout à fait conforme d'un journal d'autant plus impartial dans cette circonstance, qu'il ignorait évidemment le nom de l'auteur. « Livre court, disait l'*Univers* dans un compte-rendu du 11 octobre dernier, mais substantiel ; une pensée sûre, une élégance austère, comme on écrivait dans les grands ateliers de la pensée et de l'éloquence chrétienne au XVIIe siècle... »

M. Alexis de Jussieu avait publié, en 1856, à Avignon, un poème intitulé : *Un dernier chant au Paradis perdu de Milton*, que le *Journal des Débats* appelait, dans son numéro du 13 avril : « Une œuvre originale et fine, pleine d'éloquence et de suavité, d'un tour gracieux, d'un solide éclat. » Si nous avions tenu la plume du critique du *Journal des Débats*, nous aurions ajouté à ces éloges que l'œuvre ne manquait ni d'imagination ni de puissance, et nous aurions exprimé nos regrets de voir cette œuvre tirée à petit nombre et non livrée au public.

M. de Jussieu a fait paraître encore un volume de *Discussions politiques*, de 1823 à 1830. (Paris, 1835, in-8, très-rare.) Cette publication fut avant tout une défense de son caractère. Le publiciste qui avait été, pendant sept ans, un des écrivains les plus graves et les plus fermes de l'opposition, exerçait à son tour le pouvoir. Il a voulu mettre lui-même en regard ses principes et ses actes. Peu d'existences politiques résisteraient à une épreuve aussi difficile ; peu d'hommes voudraient en courir le danger.

Nous n'aurions pas fait suffisamment connaître cette race intellectuelle si nous n'ajoutions que le privilége des hautes facultés de l'esprit semble s'y étendre aux femmes elles-mêmes. L'Institut a couronné, comme une des œuvres les plus remarquables de notre époque, un livre de Mad. Laure de Challié-Jussieu, fille de Laurent-Pierre de Jussieu. C'était en 1849. La devise révolutionnaire : LIBERTÉ, ÉGALITÉ, FRATERNITÉ venait de reparaître sur les murs de nos cités et en tête de nos lois comme une évocation menaçante. Mad. de Challié s'en empara au nom du christianisme, et, la considérant au point de vue chrétien, social et personnel, y chercha la plus puissante de toutes les réactions, un retour des esprits à Dieu , seul initiateur des peuples. Cet essai fut la révélation d'un talent que nous oserons appeler de premier ordre, et, cinq années plus tard, un second ouvrage non moins remarquable : *Harmonie du Catholicisme avec la nature humaine*, vint étonner les plus forts penseurs du monde religieux et littéraire par une puissance d'abstraction et d'analyse, une aisance et une majesté de style, une élévation de sentiment et une lucidité d'idées dont nous connaissons peu d'exemples. Par ces deux ouvrages, Mad. de Challié s'est placée l'émule et la rivale des membres les plus célèbres de sa famille. Si les romans , si avidement recherchés par les esprits légers du jour, si les pièces de théâtre , d'un goût plus ou moins pur , donnent plus vite la renommée et la fortune, les livres de Mad. de Challié vivront du moins plus longtemps, et lui procureront une gloire moins éphémère ; on les lira , ils dureront tant qu'il y aura des hommes assez sérieux pour s'occuper de la dignité humaine, de la nature de l'âme et de la philosophie sociale.

Nous avons fouillé avec plaisir dans le passé de cette famille de Jussieu si grande, si noble, si lyonnaise. Nous avons reconnu, dans le génie des écrivains que nous avons nommés, le caractère, le type laborieux , sévère de notre cité. Il en est un dont nous avons esquissé plus longuement et avec plus d'intérêt la vie pleine d'épreuves et d'orages, parce que nous aimons l'homme qui, suivant Louis-Philippe, a su faire les affaires du pays sans faire les siennes, parce que nous comprenons et que nous aimons le cri de son écusson : *Pius atavis* et que tout le cours de sa vie nous l'avons trouvé fidèle à sa devise : *Droit et au grand jour*.

www.ingramcontent.com/pod-product-compliance
Lightning Source LLC
Chambersburg PA
CBHW061217050726
47594CB00008B/3685